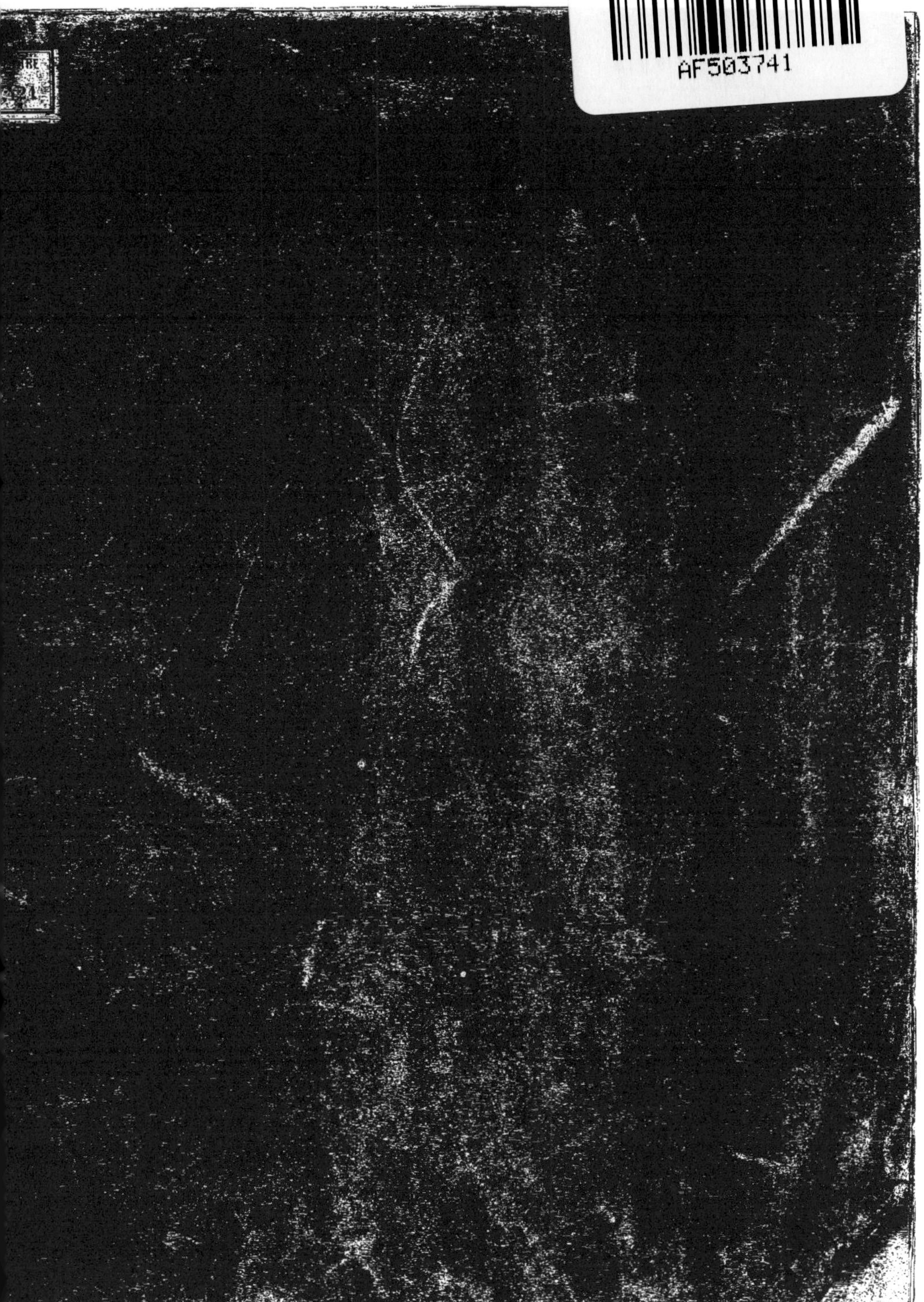

NOTICE

SUR

CHARLES-LOUIS DIDELOT

C'est à Stockholm, en 1767, que naquit Charles-Louis DIDELOT.

Son père, Français d'origine, était attaché au grand théâtre de cette ville, où il tenait l'emploi de premier danseur et celui de professeur de la classe des enfants.

Le ballerin du roi de Suède rêvait pour sa progéniture les lauriers de Terspsichore. — Quoi de plus naturel! — Cette ambition était d'autant plus justifiée, que le petit bonhomme était assez bien bâti, quoique très-petit de taille pour son âge; sa jeune désinvolture décelait déjà une certaine élégance et une vigueur qui semblaient présager de splendides destinées au futur Zéphire; aussi le père Didelot élevait cet enfant-là avec un grand amour mêlé d'un peu d'orgueil.... Mais, hélas!

« Les destins et les flots sont changeants. »

A peine le pauvre petit eut-il atteint sa sixième année, qu'une cruelle maladie vint lui labourer impitoyablement le visage, en y laissant d'ineffaçables et terribles traces!!

Tous les projets, toutes les espérances de Didelot père furent renversés par cette catastrophe. — Allez donc représenter Zéphire ou le Dieu malin sous les traits d'une écumoire!!

Cependant, un caprice du prince Frédéric, frère de Gustave III, roi de Suède, vint contrecarrer les cruels arrêts du sort et rendre le jeune Didelot à la carrière qui semblait à tout jamais perdue pour lui.

A l'occasion d'un grand bal masqué qui devait avoir lieu à la cour, le prince Frédéric eut la fantaisie de se travestir en Savoyard ; assurément, le costume n'était pas chose embarrassante, pas plus que la vielle difficile à trouver; mais là n'était pas tout : pour représenter dignement un enfant des alpestres, un accessoire était indispensable, il fallait une marmotte; en effet, peut-on être Savoyard sans marmotte? assurément non. C'est la marmotte qui caractérise, je dirai presque qui *naturalise* le Savoyard pur sang.

Ah ! grande était la difficulté ! car la Suède, à son grand chagrin, n'est pas fertile en marmottes... Mais, bah! un prince se rebute-t-il pour si peu !...

Tous les Nemrods, tous les naturalistes du royaume furent conviés à ce travail d'Hercule; mais tous épuisèrent dans de vains efforts, comme dans de vaines recherches, leur science et leur patience.

C'est alors, qu'en désespoir de cause et en dépit du mauvais sort, le conseil du prince assemblé et consulté, il fut statué que l'on demanderait à l'art cette marmotte tant désirée, qu'un sol ingrat et stérile refusait au plaisir de son prince. Didelot père fut appelé à la cour, à cet effet, et parut devant le grave conseil, qui l'investit de la mission délicate de trouver dans sa classe un enfant dont la taille tardive et l'intelligence précoce fussent à même de remplir ce rôle; il chercha bien parmi tous ses élèves, mais il n'en trouva aucun dont la taille lilliputienne se prêtât volontiers à cette transformation, il désespérait déjà, lorsque bien avisé, il pensa à son fils... On ne pense pas toujours à tout... C'était merveilleux comme le petit Didelot, qui, disons-le, avait au moins la tête de moins qu'un enfant ordinaire de son âge, remplissait toutes les conditions requises pour le personnage. Affublé d'une peau de marmotte et d'une tête analogue, la métamorphose fut complète, et, au jour dit, l'enfant, bien dressé, bien stylé, s'acquitta de son rôle à la satisfaction générale et aux applaudissements unanimes.

Le jeune Charles-Louis Didelot remporta donc à la cour son premier succès, il fit merveille. La fête, grâce à lui, fut des plus joyeuses, il fit l'amusement de tous, et le prince, qui riait aux éclats en voyant l'effet que produisait sa marmotte de contrebande, en témoigna au petit bonhomme toute sa satisfaction. Dès ce moment le jeune Didelot fut surnommé la *Marmotte du prince*, et la cour tout entière le prit en affection; le prince ne le perdit pas de vue; et, deux ans plus tard, il paraissait sur la scène du grand théâtre de Stockholm, non plus en indolente marmotte, mais en gracieux dieu de l'amour.

Dès ce premier début, on reconnut en lui de grandes dispositions, et par ordre du roi, il fut envoyé à Paris et confié aux soins de *Dauberval*, qui le fit entrer au Conservatoire.

A douze ans, il est engagé chez Oudinot; c'est à ce théâtre que Gustave III, pendant son séjour à Paris, revoit son protégé; il en est satisfait et le rappelle à Stockholm, où Didelot débute avec succès dans un pas de sa composition, réglé par lui avec un goût infini. Peu de temps après, il lui est accordé de monter à ce théâtre un ballet intitulé: FREIA, dont le résultat dépasse toute attente, surtout si l'on envisage l'âge du compositeur (Didelot avait alors quatorze ans). Il fut envoyé une seconde fois à Paris, où il travailla assidûment sous la direction d'*Auguste Vestris*.

Un peu plus tard, *Noverre* le fait engager à Londres aux appointements de 400 liv. sterling pour la saison; il y compose RICHARD CŒUR DE LION, dont la brillante réussite lui valut, à ce théâtre, un renouvellement d'engagement pour plusieurs saisons successives.

En 1796, il compose son meilleur ballet, FLORE ET ZÉPHYRE, qui obtient un immense succès. Dans cet ouvrage, il introduit pour la première fois sur la scène le *vol* (au moyen de fils de fer montés sur un chariot du cintré et allant de la scène dans les frises). Cette innovation, fort ingénieusement combinée, produit une grande sensation.

Dans les intervalles d'une saison à l'autre, Didelot fait des excursions sur les scènes de Lyon et de Bordeaux, où il compose et danse avec succès.

Ensuite, il débute à l'Opéra avec la célèbre Guimard; enfin, en 1801, il part pour Saint-Pétersbourg, où il devient en peu de temps l'idole du public et des artistes.

Malgré sa brillante position dans la capitale de la Russie, Didelot voulait absolument recevoir à Paris la consécration de son talent de maître de ballets ; il quitte en 1815 la résidence des czars pour venir frapper aux portes de l'Opéra. Dans la traversée de Saint-Pétersbourg à Lubeck, il fait naufrage et perd toute sa musique et ses programmes, il ne sauve que sa personne. Cet incident ne devait être que le précurseur de bien des tracasseries auxquelles il allait être en butte à l'Opéra.

Gardel y régnait en maître, *Flore et Zéphire* était précédé d'une grande réputation et c'était assez pour exciter la jalousie et le mauvais vouloir de l'autocrate Gardel ; aussi, à son insinuation, la direction de l'Opéra objecta-t-elle à Didelot les trop fortes dépenses que devait occasionner son ballet et lui imposa de payer tout ce qui excéderait la somme de dix mille francs allouée à cet effet ; la condition était dure, cependant Didelot accepta, espérant, par là, aplanir tous les obstacles ; mais il n'était pas au bout de ses tribulations. Une toile de fond de forêt, neuve, était absolument nécessaire, afin de rendre, par sa disposition, les fils de vol invisibles au public.

La toile fut commandée, au gré de ses désirs; mais, une fois terminée, quelle ne fut pas la surprise du pauvre Didelot, en voyant à la répétition d'un petit opéra, qui devait passer avant son ballet, son fond de forêt équipé et servant audit ouvrage avant *Flore et Zéphire*, il protesta de toute son énergie contre une telle iniquité, se récria, se lamenta, tout fut inutile, on passa outre; enfin, on l'abreuva de tant d'ennuis et de dégoûts, qu'à la répétition générale il fut sur le point d'abandonner la partie, et il ne fallut rien moins que les instantes prières de ses meilleurs amis, qui tous lui prédisaient un magnifique succès, pour qu'il ne renonçât pas à sa tentative.

La première représentation eut lieu en 1815 et dédommagea Didelot de ses peines. Le ballet obtint un de ces succès qui marquent dans les annales d'un théâtre.

Louis XVIII, présent à la première représentation, le fit appeler dans la loge royale pour le complimenter et ordonna qu'on lui remît deux mille francs de gratification.

Lorsque Didelot se présenta à la caisse pour toucher cette somme, on lui remit la note des frais, qui dépassait de 2,400 et quelques francs la somme arrêtée d'un commun accord avec la direction : déduction faite des 2,000 francs, Didelot redevait encore plus de quatre cents francs : « *C'est juste, c'est juste,* » répliqua-t-il, en payant la somme, et tout fut dit.

On lui fit, nonobstant, des offres brillantes d'engagements à l'Opéra; mais, redoutant la toute-puissance de Gardel, il préféra retourner à Saint-Pétersbourg, où il reprit possession de sa place de maître de ballets en chef, qu'il conserva, bien choyé, bien aimé et par-dessus tout estimé, jusqu'en 1829, époque à laquelle il donna sa démission pour des raisons de santé.

Didelot fut un excellent professeur, et l'école de Saint-Pétersbourg lui doit beaucoup d'artistes distingués.

Peu de temps après avoir quitté le théâtre, il se retira à Kiew (Russie méridionale), où il mourut le 7 novembre 1837, à l'âge de soixante-dix ans.

SES PRINCIPAUX OUVRAGES SONT :

1. Freia.
2. Richard Cœur de Lion.
3. Apollon et Daphné.
4. Sapho et Phaon.
5. Acis et Galathée.
6. Flore et Zéphire.
7. L'heureux naufrage ou les sorcières écossaises.

(6 et 7 : Représentés tous deux, le même jour, 7 juillet 1796, à Haymarket (Londres.)

8. Phèdre.
9. Didon.
10. La Métamorphose (Lyon, an IV).
11. Kensi and Tav.
12. Le Troubadour.
13. Psyché et l'Amour.
14. Aline, reine de Golconde.
15. Le Pâtre et L'Hamadryade.
16. Roland et Morgane.
17. Cora et Alonzo ou la Vierge du soleil.
18. Le Calife de Bagdad.
19. Rosalie et Dozinval.
20. Le Retour inattendu.
21. L'idole détruite (dernier ballet).

NOTICE

SUR

JEAN CORALLI

Peu de temps avant qu'une mort inattendue n'enlevât à l'art chorégraphique un de ses plus dignes représentants, JEAN CORALLI, je reçus de Jean Coralli même quelques documents remplis de modestie, destinés à nous éclairer sur sa vie théâtrale. Nous croyons donc donner à cette notice un intérêt de plus en reproduisant textuellement, dans cette collection, les propres lignes de l'éminent artiste, dont il ne reste maintenant que souvenirs et regrets, et dont le véritable talent justifie la réputation. Voici ce qu'il m'écrivait :

« Vous m'avez demandé, mon cher Saint-Léon, une courte notice sur ma carrière « d'artiste, la voici :

« Mes noms et prénoms sont Jean Coralli Peracini, originaire de Bologne (États « romains). — Je suis né à Paris, le 15 janvier 1779. — Élève de l'Opéra, j'ai dé- « buté en 1802. Mes premiers essais chorégraphiques ont eu lieu à Vienne, (Autriche) « en 1800, et avaient pour titres, *Paul et Rozette*, les *Abencérages*, le *Calif gé-* « *néreux*, les *Incas*, *Hélène et Pâris*.

« J'ai ensuite composé, de 1816 à 1822, tant à Milan qu'à Lisbonne et Marseille, « différents ballets dont les principaux sont : *Hymen défié*, la *Folie de la danse*, *Lisbell*, « l'*Amour et l'Hymen au village*, *Armide*, etc... De retour à Milan, j'y ai monté « pour Paul, l'*Union de Flore et Zéphire*, et pour la Héberlé, la *Statue de Vénus*. Ap-

« pelé au théâtre de la Porte-Saint-Martin, en 1825, j'y ai composé plusieurs ballets « tels que : la *Neige*, *Léocadie*, le *Mariage de raison*, la *Visite à Bedlam*, les *Artistes*, « et d'autres moins importants. — Les mises en scènes du *Joueur*, de *Mandrin*, de « *Faust* (dans lequel j'ai créé la valse de Méphistophélès), de *Marino Faliero*, me valurent « quelques succès. J'entrai en 1831 à l'Académie royale de musique, sous la direction « de M. Véron. Depuis, j'ai composé pour cette même scène, l'*Orgie*, la *Tempête*, « le *Diable boiteux*, la *Chatte*, la *Tarentule*, *Giselle ou les Wilis*, *la Péri*, *Eu-* « *charis et Ozaï*. Ces derniers ouvrages ont clos ma carrière chorégraphique. — « Comme il ne m'appartient pas, mon cher confrère, de critiquer ou de louer mes « propres ouvrages, je laisse ce soin à votre appréciation bienveillante.

« Agréez, etc., etc.

« JEAN CORALLI. »

Coralli quitta, après la révolution de 1848, la place qu'il avait si dignement occupée à l'Opéra pendant quatorze années. *Giselle*, le *Diable boiteux*, la *Péri*, ouvrages reproduits sur presque toutes les scènes connues, suffiraient à constater un talent hors ligne.

Son genre de composition était essentiellement français, c'est-à-dire, fin, délicat et poétique. Il forma, comme professeur, de nombreux élèves, parmi lesquels nous citerons son fils Eugène Coralli, artiste mime exceptionnel, qui obtint à l'Opéra de grands et légitimes succès.

Jean Coralli mourut à Paris, le 1er mai 1854, âgé de soixante-quinze ans.

TABLE

BIOGRAPHIES ET PORTRAITS

DES PLUS CÉLÈBRES MAITRES DE BALLETS ET CHORÉGRAPHES ANCIENS ET NOUVEAUX DE L'ÉCOLE FRANÇAISE ET ITALIENNE

NOTA. M. Castil-Blaze ayant donné, dans son ouvrage *Théâtres lyriques de Paris*, la liste complète des ballets exécutés depuis l'origine de l'Opéra jusqu'à nos jours, la répétition de cette nomenclature, bien que nous l'ayons promise, devient complétement inutile.

NOTICE

SUR

JEAN-PIERRE AUMER

Jean-Pierre AUMER est né à Paris en 1776. Pendant son enfance, rien ne présageait qu'un jour Aumer dût être appelé à devenir une célébrité. Son père, simple ouvrier, seul et unique soutien d'une nombreuse famille, ne put donner à ses enfants qu'une éducation relative.

Cependant, comme beaucoup de génies et de grands talents, sortis pour la plupart d'une position obscure, Aumer était désigné du doigt par la destinée.

Jeune encore, le hasard lui fit connaître le célèbre Dauberval. L'esprit naturel d'Aumer, son physique et son intelligence, intéressèrent Dauberval, qui en fit son élève : l'ardeur, le courage et la reconnaissance dont Aumer donnait des preuves journalières lui concilièrent bientôt l'affection de son professeur émérite.

Dauberval se rendit à Bordeaux et emmena avec lui Aumer, qui, sous la direction du maître, débuta comme danseur. Dès sa première apparition, on reconnut en lui de la correction, de la vigueur et beaucoup d'intelligence; mais un obstacle insurmontable et indépendant de lui s'opposait à son avancement. Aumer était trop grand; il se trouvait peut-être encore plus grand qu'il ne l'était réellement, et, comprenant toutes les difficultés qu'une taille disproportionnée devait rencontrer, soit dans l'exécution, soit dans l'effet à produire, il se mit à travailler assidûment les bases principales de la composition, conditions essentielles du maître de ballets. La musique, le dessin, la lecture, devinrent pour lui l'objet d'études sérieuses.

Lorsque Dauberval composait, rien n'échappait à l'attention de l'élève, et, sans maître aucun, Aumer arriva, à force de persévérance, à se familiariser avec les nombreuses difficultés de l'art chorégraphique.

En 1804, il partit pour Paris, engagé à l'Opéra, pour doubler M. Milon. Ses débuts, comme danseur, ne firent pas sensation; il n'y attachait pas lui-même une grande importance. Son but était d'écrire un ballet. En 1806, il obtint, quoique toujours danseur à l'Opéra, la faveur d'en monter un à la Porte-Saint-Martin. Cet ouvrage, le premier qu'il fit, avait pour titre : les *Deux Créoles;* il eut un grand succès et fut même préféré au ballet sur le même sujet, intitulé : *Paul et Virginie;* que Gardel monta peu de temps après à l'Opéra.

Il composa ensuite plusieurs ouvrages pour le même théâtre parmi lesquels, *Jenny ou le mariage secret* confirma entièrement sa réputation. Appelé à Lyon, en 1807, il y fit représenter avec succès ses deux principales créations de la Porte-Saint-Martin et revint ensuite au grand Opéra.

Le 28 mars 1808, il donna *Antoine et Cléopâtre*, ballet devenu célèbre. Cette création lui valut, du roi Jérôme, un engagement à Cassel, où il resta près de sept années. Ce laps de temps, pendant lequel le roi ne cessa de lui donner des marques de sa haute bienveillance, fut, ainsi qu'il le disait toujours, l'époque la plus heureuse de sa vie.

En 1815, il fut engagé à Vienne. Il avait sous sa direction les Bigottini, Chevigny, MM. Petit et Deshayes.

Ces excellents artistes, interprètes des beaux ballets d'Aumer, firent au théâtre du Kärnthnethor une véritable révolution chorégraphique. — Pendant quatre années qu'il resta à Vienne, il y fut l'idole de ses artistes et du public. *Alfred ou les Pages du duc de Vendôme* obtint surtout, dans cette ville, un succès éclatant. Rentré à l'Opéra, en 1820, il y remonta ce ballet le 18 octobre de la même année et continua sa brillante carrière par *Manon Lescaut, Joconde*, la *Belle au bois dormant,* la *Somnambule*. Les chorégraphes de l'époque lui reprochèrent une faute, celle d'avoir, le premier, accepté un collaborateur, auteur du libretto; cette faute n'en est une, que lorsqu'elle devient la règle ; mais une bonne idée n'est pas un ballet fait ; et d'ailleurs n'était-il pas excusable d'avoir été séduit par le sujet de la *Somnambule?* Cependant, il eut bientôt à regretter ce premier pas de l'union littéraire et chorégraphique. On ne lui laissa plus composer de ballets sans le concours d'un librettiste ; son amour-propre en fut blessé et ses idées enchaînées.

Ces motifs, et quelques intrigues qui, à l'Opéra, existent plus que partout ailleurs, décidèrent Aumer à donner sa démission; il se retira à Saint-Martin, en Normandie, entouré de sa famille et de ses amis.

Aumer était d'un caractère vif et parfois emporté, mais loyal, bon et généreux ; en un mot il était le type du véritable artiste et sut mériter les sympathies de tous ceux qui l'ont connu.

Il mourut subitement à Saint-Martin, en 1833, âgé de cinquante-sept ans.

NOTICE

SUR

ANTONIO GUERRA

Antonio GUERRA naquit à Naples, le 30 décembre 1810. Ses parents, braves et honnêtes gens, vivaient dans un état voisin de l'indigence et se trouvaient par conséquent, dans l'impossibilité de pourvoir à l'éducation de leur fils. Désireux d'assurer l'avenir de leur enfant et de lui donner une position indépendante, il ne leur restait d'autre moyen que de faire admettre Antonio au Conservatoire royal de musique et de danse. — En effet: lorsque Guerra eut atteint l'âge de sept ans, ils mirent leur projet à exécution; et, après les démarches et formalités à remplir en pareil cas, ils furent adressés par l'Intendance, d'abord aux professeurs de chant et de musique; mais ceux-ci, vu l'état complet des cadres des classes vocales et instrumentales, ne purent accueillir la demande des parents de Guerra. Grâce à cette circonstance, Guerra fut renvoyé au professeur de la classe de danse élémentaire, dirigée alors par Pietro Lus, qui, après l'examen d'usage, admit l'enfant au nombre de ses élèves; ouvrant ainsi au petit novice la carrière dans laquelle il vit lui-même Guerra conquérir une si juste réputation.

En peu de temps, Pietro Lus reconnut les heureuses dispositions dont son nouvel élève était doué, et six ans à peine après son entrée au Conservatoire, c'est-à-dire à l'âge de treize ans, celui-ci remportait le premier prix de sa classe au concours annuel. Au théâtre, où Guerra était employé comme les autres enfants du ballet, il eut tour à tour sous les yeux et pour modèles Duport, Samengo, Albert, Paul, etc., dont les exemples contribuèrent puissamment à stimuler son ardeur, tout en développant en l l'intelligence et le sentiment de l'art.

Il fallait à l'élève une occasion pour qu'il pût ouvrir son sillon dans le cham de la renommée; cette occasion se présenta en 1826, lorsque le célèbre Duport, deven co-directeur de Barbaia à San-Carlos, après avoir quitté la danse, montait à ce théâtre *Fille mal gardée* de Dauberval. Le rôle de Colin, d'une haute importance dans c ouvrage, exige avant tout de la jeunesse, du physique, et, de plus, un talent réel de mim et de danseur. Cette virile ingénuité manquait au corps de ballet de San-Carlos Duport fit donc subir un examen aux deux classes du Conservatoire, la classe élé mentaire et la classe de perfectionnement. Guerra était au nombre des concurrents malgré la sévérité du jury, composé de l'élite des notabilités chorégraphiques en ce mo ment à Naples, ce fut là qu'il remporta sa première victoire, et, bien qu'il apparti encore à la classe élémentaire, il fut choisi pour remplir le rôle de Colin. Dès ses débuts Guerra justifia pleinement les espérances qu'il avait fait concevoir; son succès una nime lui valut le surnom de Petit-Duport, et lui attira la protection de son S. A. R. l prince de Salerne, par les soins de qui il reçut des maîtres de langue, d'histoire, de des sin, de violon, et le célèbre Raimondi fut chargé de lui enseigner la composition et le contre-point. Son Altesse, sur l'avis de M. Albert, le fit entrer dans la classe de perfection nement, dirigée par Salvator Taglioni. Là, son zèle redoubla, ses progrès furen rapides, et quelque temps après, ayant obtenu, dans un pas de cinq de sa composition, un succès d'enthousiasme, *di Fanatismo*, il remplaça Paul dans les *Noces de Zéphire*. Bar baia et Duport ayant aussi sous leur direction, outre San-Carlos, le théâtre de Vienne, y envoyèrent Guerra, qui, après avoir été très-favorablement accueilli comme danseur, com posa dans cette ville son premier ballet intitulé : *Il primo Navigatore*, ouvrage dans leque il révéla tout à coup un véritable talent chorégraphique. De Vienne, il alla danser suc cessivement à Milan, à Turin, à Florence, et toujours avec un succès croissant. Ses qua lités étaient : l'élégance, la vigueur, la correction, le tact et l'esprit. On vantait surtou ses pirouettes surprenantes.

De retour à Naples, il y composa deux ballets : 1° *Volvicoff*, 2° *Giustizia e Cle menza*, dont le genre se rapprochait de celui de Gioja, qu'il avait souvent eu occasion de voir à l'œuvre à San-Carlos : les sujets en étaient lucides, comme ceux du maître Gioja, les scènes bien distribuées, la musique adaptée avec tact à la situation, les masses parfaitement conduites, et les danses originales, variées et bien réglées. Les deux ouvrages de *Volvicoff* et de *Giustizia e Clemenza* firent sensation à Naples, et, dès lors, l'élève, considéré comme un excellent maître, recueillit pendant plusieurs années les suffrages et l'estime du public napolitain dont il était l'idole.

Malgré la brillante position que Guerra occupait dans sa ville natale, une idée le tourmentait sans cesse; son rêve était de faire consacrer son talent par l'Académie royale de musique de Paris. Cédant à son impétueux désir, plutôt qu'à son véritable intérêt, il sut se débarrasser des engagements qui le retenaient à Naples et se dirigea vers la capitale des arts. Arrivé à Paris, Guerra ne tarda pas à reconnaître qu'il n'était pas suffisamment initié aux goûts de notre public pour oser aborder la scène française, comme maître de ballets. Il résolut donc, avant tout, d'étudier nos habitudes et n'entra, d'abord, dans la salle d'Auguste Vestris qu'en simple visiteur. Son apparition produisit un certain effet, dû, surtout, à cette circonstance: que Guerra était le premier des danseurs de talent qui eût osé franchir les Alpes. Protégé par la célèbre Taglioni, il parvint à débuter avec elle dans les reprises de la *Sylphide* et de la *Fille du Danube*, mais n'obtint pas tout le succès qu'on attendait de son renom; la vogue était alors attachée au nom de mademoiselle Taglioni, dont les charmes ralliaient tous les suffrages et laissaient bien peu de gloire à récolter à ceux qui l'entouraient. Guerra partit bientôt pour Londres, engagé au théâtre de Sa Majesté, comme premier danseur et maître de ballets; là, il mit à profit les études faites pendant son séjour à Paris; tout en gardant les spécialités du genre italien, Guerra se mit à composer à la française, et ce genre mixte lui valut, au théâtre de Londres, de nombreux succès: la *Fête à Naples*, la *Vengeance de l'Amour*, *Robert le Diable*, une *Nuit de Bal* et la *Gitana*, ne furent qu'une suite non interrompue de triomphes véritables; le *Lac des Fées*, composé pour mademoiselle Cerrito, est sans contredit un de ses meilleurs ouvrages.

La direction Duponchel l'appela enfin à monter un ballet à l'Opéra; suivant l'usage introduit à ce théâtre, Guerra reçut de la direction un libretto intitulé les *Mohicans*, et son désir de travailler pour la première scène du monde le lui fit accepter; il se vit alors dans l'obligation de mettre en scène une malencontreuse œuvre d'autrui et ne put éviter un naufrage. Découragé par cet échec, il signa, en 1842, un engagement pour le Théâtre-Impérial de Vienne, où, libre de ses idées et de ses inspirations, il se montra l'un des plus fins et des plus spirituels chorégraphes de son époque. Après avoir repris le *Lac des*

Fées, qui obtint aussi sur ce théâtre un grand et légitime succès, il y composa *Angelica*, ouvrage d'un rare mérite, *Nankin*, *Manfred*, *Fortuna*, ballets, qui faisaient espérer qu'il nous donnerait encore bon nombre d'œuvres remarquables.

Malheureusement, la mort le ravit à l'art au milieu de sa brillante carrière. Guerra succomba à Vienne aux attaques d'une gastralgie, en juin 1846, âgé seulement de trente-six ans.

LISTE DES PRINCIPAUX BALLETS D'ANTONIO GUERRA

1. Il primo Navigatore.
2. Volvicoff.
3. Giustizia e Clemenza.
4. La Fête à Naples.
5. La Vengeance de l'Amour.
6. Robert le Diable.
7. Une Nuit de Bal.
8. La Gitana.
9. Le Lac des Fées.
10. Les Mohicans.
11. Angelina.
12. Nankin.
13. Manfred.
14. Fortuna.

NOTICE

SUR

LA DUCHESSE DU MAINE

ET SUR

MADEMOISELLE SALLÉ

Nous avons cru devoir placer en tête de cet ouvrage les portraits de deux femmes qui, nées dans des conditions bien différentes, ont néanmoins exercé la plus haute influence sur l'avenir de l'art chorégraphique. Louise-Bénédicte de Bourbon, duchesse du Maine, ressuscita la pantomime des anciens en l'introduisant sur notre scène; et Marie Sallé créa le véritable ballet-d'action en imposant, à la force de son talent, une réforme radicale dans les costumes usités. Ces deux entreprises, dont on peut aisément se figurer les difficultés, créèrent, pour ainsi dire, un art nouveau; et c'est à ces deux femmes de génie et de goût que l'opéra moderne est redevable de tant de chefs-d'œuvre si universellement appréciés.

Louise de Bourbon, duchesse du Maine, ci-devant mademoiselle de Charolais, était fille de son Altesse Henri-Jules de Bourbon, prince de Condé, et d'Anne, Palatine de Bavière. Elle naquit le 8 novembre 1676; et épousa Louis-Auguste de Bourbon, duc du Maine, le 19 mars 1692.

Aux charmes d'un esprit naturel, cette aimable princesse joignait une vive intelligence. Elle avait du savoir, de l'érudition même, et possédait un véritable penchant pour le théâtre. Elle voulut faire exécuter sous ses yeux un essai de l'art des anciens, et juger par elle-même de l'effet de la pantomime antique, dont elle n'avait pu se rendre qu'un compte imparfait par la lecture des auteurs grecs et latins. —

Elle fit donc revivre cet art des Bathylle, des Hylas et des Pilade et choisit, pour cela, le 4e acte d'*Horace*, tragédie de Corneille, qu'elle fit mettre en musique par Mouret, comme si on eût dû le chanter. — Cette musique fut ensuite exécutée, sans paroles, par l'orchestre, tandis que Balon et mademoiselle Prévost, danseurs de l'Opéra, mimaient, sur le théâtre de Sceaux, les sentiments et l'action des personnages de Corneille, devenus muets. — Ces deux artistes, pleins d'âme et de chaleur, mais complétement novices comme mimes, s'animèrent si bien réciproquement par leurs gestes et par leur jeu de physionomie, qu'ils en vinrent jusqu'à verser des larmes. — On ne demandera point s'ils réussirent à toucher et à émouvoir les spectateurs.

Cette heureuse tentative, qui fut faite en 1708, devint un des intermèdes les plus intéressants des nuits de Sceaux, et détermina, un plus tard, mademoiselle Sallé à tenter la fortune avec un ballet d'action complet.

Brisant avec les habitudes, et rejetant toute la défroque de la garde-robe qui, des salons, s'était glissée sur le théâtre, mademoiselle Sallé osa, la première, paraître en scène sans panier, vêtue d'une simple robe de mousseline, et ne portant sur la tête d'autre ornement que l'opulente chevelure dont la nature l'avait dotée. — Poëte, danseuse, actrice et musicienne, cette grande artiste inventa le ballet-pantomime. Mais, hélas! nul n'est prophète en son pays; et ce fut à Londres, sur le théâtre de Covent-Garden, que mademoiselle Sallé dut aller jouer son chef-d'œuvre, *Pygmalion*, bientôt suivi d'*Ariane*. — Nous ne pouvons résister au plaisir de citer ici quelques passages d'un compte rendu que nous trouvons dans le *Mercure de France*, du mois d'avril 1734.

« Londres, 25 Mars 1734. »

« Mademoiselle Sallé, sans trop considérer l'embarras où elle m'expose, me charge,
« monsieur, de vous rendre compte de ses succès. Il s'agit de vous dire de quelle
« manière elle a rendu la fable de *Pygmalion*, celle d'*Ariane et Bacchus* et les ap-
« plaudissements que ces deux ballets, de son invention, ont excité à la cour d'An-
« gleterre. Il y a près de deux mois que l'on voit représenter *Pygmalion*, et le pu-
« blic ne s'en lasse pas. — Voici comment se développe le sujet. . . . .

. . . .

« Vous concevez, monsieur, ce que peuvent devenir tous les passages de cette ac-

« tion, exécutée et mise en danse avec les grâces fines et délicates de mademoiselle « Sallé. — Ellea osé paraître, dans cette entrée, sans panier, sans jupe, sans corps, échevelée et sans aucun ornement sur la tête!! — Elle n'était vêtue, avec son corset « et son jupon, que d'une simple robe de mousseline, tournée en draperie, ajustée sur « le modèle d'une statue grecque. » (On voit que la révolution tentée par mademoiselle Sallé était bien complète.)

« Vous ne devez pas douter, monsieur, du prodigieux succès de ce ballet ingé- « nieux, si bien exécuté. Le roi, la reine, la famille royale et toute la cour ont de- « mandé cette danse pour le jour du *benefit*; jour pour lequel toutes les loges et « toutes les places du théâtre sont retenues depuis un mois. Ce sera le premier jour « d'avril. »

Ce fut l'illustre Haendel qui, passant par Paris, vers la fin de 1733, engagea mademoiselle Sallé et l'enleva à notre Opéra. Moyennant mille écus, mademoiselle Sallé devait composer deux ballets et les jouer à Londres pendant le carnaval de 1734. On a vu comment elle s'acquitta de son engagement. Ajoutons un dernier trait, qui fait autant d'honneur à la dignité de l'artiste qu'à sa réputation d'habileté. Comme Haendel et mademoiselle Sallé se rendaient à Londres, le chef d'une entreprise rivale proposa à l'artiste trois mille guinées (78,000 fr.), au lieu des mille écus acceptés de Haendel, faisant remarquer : que rien ne pouvait s'opposer à cet échange, puisque l'on n'avait pas signé de contrat. — *Et ma parole!* répondit la noble danseuse, *la comptez-vous donc pour rien?* Applaudi, répété, ce mot prépara le succès de l'artiste et porta l'influence la plus heureuse sur la représentation donnée à son bénéfice, le premier avril suivant.

On se battit à la porte du théâtre, une infinité d'amateurs furent obligés de conquérir à la pointe de l'épée, ou à coups de poing, les places qu'ils avaient achetées à l'enchère, à des prix exorbitants. — Au moment où la danseuse faisait sa dernière révérence et souriait au parterre avec une gracieuse coquetterie, des applaudissements furibonds éclatent de toutes parts : une grêle de bourses pleines d'or tombe sur le théâtre, une averse de bonbons suit le même chemin. — Ces bonbons, fabriqués à Londres, étaient d'une singulière espèce; de belles guinées, en métal du Pérou, en formaient l'amande, la papillote était un billet de banque. Projectiles mille et mille fois précieux : arguments qui sonnaient encore après la fugitive tempête des applaudissements.

Mademoiselle Sallé mit dans sa poche, ou plutôt dans ses sacs, les preuves de la reconnaissance de tant d'admirateurs. Cette soirée lui valut plus de deux cent mille francs !

On se demandera peut-être comment il se fit que mademoiselle Sallé, qui appartenait à l'Opéra français, fut obligée d'aller porter à Londres et les ballets de son invention, et les judicieuses réformes qu'elle voulait introduire dans le costume des danseurs ? — A cette question, nous ne répondrons qu'un mot : La routine possède un grand empire ! — Mademoiselle Sallé vint apporter son ballet de *Pygmalion* à Paris ; mais l'Académie royale de musique, fidèle à ses principes et vouée fatalement aux furies de la jalousie et au culte des habitudes, ferma ses portes au talent et au génie ! — *Pygmalion*, cependant, parut à Paris, le 28 juin de la même année, 1734, avec les costumes réguliers que l'auteur avait fait dessiner ; mais ce fut à la *Comédie-Italienne* que mademoiselle Sallé se montra victorieusement et obtint un succès d'enthousiasme et de vogue.

En terminant cette notice, nous regrettons vivement de ne pouvoir indiquer ni l'époque de la naissance, ni celle de la mort de cette artiste célèbre, dont les traditions se sont perpétuées d'âge en âge. Les nombreux documents que nous avons consultés ne nous ont fourni aucune lumière à cet égard.

www.ingramcontent.com/pod-product-compliance
Ingram Content Group UK Ltd.
Pitfield, Milton Keynes, MK11 3LW, UK
UKHW021156230726
13926UKWH00001B/128

9 782014 467093